Adalbert Ludwig Balling (Hg.)

Die Weisheit der Humorvollen

ZITATEN-LESE ZUM NACHDENKEN UND SCHMUNZELN

Farbzeichnungen
von
Alexander Ultsch

MISSIONSVERLAG MARIANNHILL
WÜRZBURG
D-8861 REIMLINGEN

Für Brigitte, Barbara, Claudia, Evi, Helene und Christine; Roland, Karlheinz, Ludwig, Bernhard, Franz und Peter.

ISBN 3-922267-36-X

Verlag Mariannhill Würzburg, Hauptstraße 1, 8861 Reimlingen; Druck: Missionsdruckerei Mariannhill 8861 Reimlingen; Copyright 1986 by: Adalbert Ludwig Balling, Brandenburger Straße 8, 5000 Köln 1, West Germany. Alle Rechte vorbehalten. – Umschlaggestaltung: Alexander Ultsch, Köln.

»Die Gedanken sind zollfrei, aber man hat doch Scherereien.« (Karl Kraus)

Der Humor der Weisen

»Wirklicher Humor ist Freiheit,
ist Versöhnung, ist Weisheit,
Güte und Licht.« (Jakob Burckhardt)

»Die Bücher sind aber schrecklich teuer geworden!« protestierte eine Dame in einer großen Buchhandlung. Antwortete der Buchhändler: »Tja, Gnädigste, bedenken Sie bloß die große Dürre in der deutschen Literatur!«
Man kann mit Humor die Wahrheit sagen, kann humorvoll Wahres umschreiben, kann schmunzelnd Lebenserfahrungen weitergeben. Aber nicht alles, was weise Männer und Frauen gedacht, gesagt, geschrieben haben, enthält auch Launisches. Viele Weise haben es jedoch vortrefflich verstanden, Wahres in den Mantel des Witzes zu kleiden und Launisches mit Weisem zu vermischen.
Nach Pestalozzi ist gute Laune die Würze aller Weisheit. Und Curt Goetz meinte gar, Humor sei nicht erlernbar; neben Geist und Witz setze er vor allem ein großes Maß von Herzensgüte voraus.

Wenn so, dann hätten gute Menschen mehr bzw. bessere Chancen, humorvoll zu sein – oder es zu werden. Aber man muß auch das nicht absolut nehmen. Wie sagte doch Mark Twain einmal? Ein einziger Tugendbold kann den ganzen Familienfrieden stören!
Nun ja, nach George Orwell ist jeder Witz eine »winzige Revolution«. Der britische Autor wundert sich mit Recht, daß nicht alle »diktatorischen Machthaber« auf Witze grundsätzlich allergisch reagieren. – Weißferdl, das unvergeßliche Münchner Original, hat einmal von Hitler ein Bild bekommen, mit eigenhändiger Unterschrift des Führers. Da ging der Komiker auf die Bühne und sagte: »Das ist mein Freund, der Hitler. Jetzt weiß ich nur net, soll ich ihn aufhängen – oder soll ich ihn an die Wand stellen!?«

Witz und Wahrheit,
Witz und Weisheit,
Witz und Güte
liegen oft beinander.
Letztlich wird einer,
um Wahres weise darzubieten,
viel Geist haben müssen.

Die mitunter schnoddrig klingenden Aussprüche und Zitate, die in diesem Bändchen zusammengetragen wurden, muß man mehrmals lesen, um sie in ihrer Tiefe und Tragweite zu begreifen.
Deshalb, liebe Leser, picken Sie dann und wann ein Wort heraus, mal hier, mal dort – und drehen Sie es ein paarmal herum. Vielleicht kommt Ihnen am Ende auch ein holpriger Satz etwas glatter vor und ein schier harmloses oder naives Wort etwas hintergründiger.
Nicht alles, was hier gesammelt wurde, ist humorvoll. Manches ist doppelbödig, anderes soll Denk-Anstöße geben. Nicht alle Zitate werden jedem Leser gefallen.

Es liegt im Wesen des Menschen, daß man niemals alle Geschmäcker zufrieden stellen kann. Darum: Wählen Sie aus. Und übernehmen Sie sich nicht. Kosten Sie an dieser Sammlung wie die Biene an der Blume – mal hier, mal dort. Wenn Ihnen ein Wort nicht schmeckt, gaukeln Sie weiter zum nächsten. Ich wünsche Ihnen dabei viel Freude – und gelegentlich auch ein wenig Nachdenken.

                                            Adalbert Ludwig Balling

ZUM NACHDENKEN UND SCHMUNZELN

Es sitzt ein Vogel auf dem Leim,
er flattert sehr und kann nicht heim.
Ein schwarzer Kater schleicht herzu,
die Krallen scharf, die Augen gluh.
Am Baum hinauf und immer höher
kommt er dem armen Vogel näher.
Der Vogel denkt: Weil das so ist
und weil mich doch der Kater frißt,
so will ich keine Zeit verlieren,
will noch ein wenig quinquilieren
und lustig pfeifen wie zuvor.
– Der Vogel, scheint mir, hat Humor.
(Wilhelm Busch)

Die Kunst der Weisheit
besteht darin, zu wissen,
was man übersehen muß.
(William James)

* * *

Ein Humorist weiß
mit seinen Gedanken und Ideen
umzugehen
wie ein Billardmeister
mit seinen Bällen
oder ein Cowboy mit seinem Lasso.
(Lin Yutang)

* * *

Die innere Gelassenheit,
die sich auf Gottes Verheißung
und sein Wort stützt,
erzeugt eine unzerstörbare Heiterkeit,
die sich wie eine Blüte entfaltet.
(Johannes XXIII.)

* * *

Ich möchte toleranter werden,
ohne etwas zu übersehen;

niemanden verfolgen;
besser werden, ohne es zu merken;
trauriger werden, aber gern leben;
heiterer werden,
in anderen glücklich sein,
in jedem wachsen,
das Beste lieben,
das Schlechteste trösten,
nicht einmal mich selbst
mehr hassen . . .
(Elias Canetti)

* * *

Insofern hat der Witzbold
nicht unrecht gehabt,
der die Bildung so definiert hat:
Bildung ist das,
was übrig bleibt,
wenn man alles vergessen hat,
was man in der Schule gelernt hat.
(Albert Einstein)

* * *

Sehr wenige Ereignisse geschehen
zur rechten Zeit,
und die übrigen
geschehen überhaupt nicht.
Der gewissenhafte Historiker
wird diese Mängel stillschweigend
berichtigen.
(Herodot)

Eine Gewohnheit kann man nicht
zum Fenster hinauswerfen.
Man muß sie stufenweise
die Treppe hinunterlocken.
(Mark Twain)

* * *

Gerade wenn eine Frau meint,
ihre Arbeit sei getan,
dann wird sie Großmutter.
(Kalenderspruch)

* * *

Das Gerücht ist wie Falschgeld:
Rechtschaffene Leute
würden es niemals anfertigen,
aber sie geben es bedenkenlos aus.
(Claire Booth-Luce)

* * *

Wir Schweizer denken mit dem Herzen
und rechnen dann mit dem Kopf nach,
ob es sich rentiert.
(Schweizer Fastenkalender 1983)

* * *

Wir tragen den Frieden
wie ein Gewand,
an dem wir vorne flicken,
während es hinten reißt.
(Wilhelm Raabe)

Takt ist die Fähigkeit,
andere so darzustellen,
wie sie sich selbst gern sehen.
(Abraham Lincoln)

✳ ✳ ✳

Beim Theater ist es
wie im Leben:
ein paar arbeiten –
und die Mehrheit sieht zu.
(Heinz Erhardt)

✳ ✳ ✳

Ein Gramm gutes Beispiel
wirkt mehr als ein Zentner
Worte.
(Franz von Sales)

✳ ✳ ✳

Man muß viel lernen,
um zu erkennen,
daß man wenig weiß.
(Montaigne)

✳ ✳ ✳

Ehe du anfängst,
den Staat neu zu ordnen,
grabe deinen Garten
dreimal um.
(Konfuzius)

Kunst wäscht den Staub
des Alltags
von der Seele.
(Pablo Picasso)

* * *

Wenn die Menschen die alten Bräuche
aufgeben, so spricht das nicht
gegen die Weisheit,
die in den alten Bräuchen,
sondern gegen die Dummheit,
die in den Menschen steckt.
(Peter Bamm)

* * *

Wer die Gottesgabe
der Begeisterung besitzt,
der wird wohl älter,
aber niemals alt.
(Gerhard Oncken)

* * *

Die Freiheit besteht darin,
daß man alles tun kann,
was einem andern nicht schadet.
(Matthias Claudius)

* * *

Ich wünsche,
daß sich alle Frauen meines Reiches

hübsch machen,
damit es die Männer leichter haben,
treu zu bleiben.
(König Ludwig von Frankreich)

* * *

Glück ist nie genau das,
was man sich darunter
vorgestellt hat.
(Somerset Maughan)

* * *

Je mehr ein Mensch des ganzen Ernstes
fähig ist, desto herzlicher
kann er lachen.
(Arthur Schopenhauer)

* * *

Im Lachen liegt der Schlüssel,
mit dem wir den ganzen Menschen
entziffern.
(Thomas Carlyle)

* * *

Immer wenn man ein Tier
genau betrachtet,
hat man das Gefühl,
ein Mensch, der drin sitzt,
macht sich über einen lustig.
(Elias Canetti)

Das Wesen des Gentleman
liegt darin,
in allen Lagen
einer zu sein.
(Peter Bamm)

※ ※ ※

Man sollte die Dinge so nehmen,
wie sie kommen.
Aber man sollte dafür sorgen,
daß die Dinge so kommen,
wie man sie nehmen möchte.
(Curt Goetz)

※ ※ ※

Radio ist gut,
Kino ist gut,
Lesen ist besser –
aber hin und wieder
könnte man so tun,
als gäbe es das alles nicht.
Man käme zu sich selber.
(Helmut Holthaus)

※ ※ ※

Die Falschheit des Reichtums
besteht darin,
daß wir das, was wir haben,
mit dem verwechseln,
was wir sind.
Wir denken, wir wären mehr,

wenn wir mehr haben.
(Ernesto Cardenal)

* * *

Hobbies sind Steckenpferde,
die den Reitern die Sporen geben.
(Heinz Rühmann)

* * *

Die verstehen sehr wenig,
die nur das verstehen,
was sich erklären läßt.
(Marie von Ebner-Eschenbach)

* * *

Theorie und Praxis stehen
in einem guten Gegensatz zueinander.
Es bleibt dabei,
was schon Kant gewußt hat,
daß es nichts Praktischeres gibt
als eine gute Theorie.
(Neue Zürcher Zeitung)

* * *

Die Lehren von Gestern
setzen nur bedingt
die Maßstäbe für das Heute
und Morgen. Es kriecht nicht immer
wieder dasselbe Krokodil
aus dem Schilf.
(Klaus von Bismarck)

Es gibt zwei Tragödien im Leben.
Die eine, daß dir dein Herzenswunsch nicht erfüllt wird.
Die andere, daß er es wird.
(Bernard Shaw)

Das Alter ist der Schnee der Erde.
Durch Licht und Wahrheit
muß es den unterirdischen Samen
wärmen und beschützen,
bis der Nisan kommt
und das keimende, junge Leben
mit neuem Erwachen erfüllt.
(Kahlil Gibran)

* * *

Sobald einer in einer Sache
Meister geworden ist,
soll er in einer neuen Sache
Schüler werden.
(Gerhart Hauptmann)

* * *

Man soll aus einer Erfahrung
nur jene Weisheit schopfen,
die darin enthalten ist,
sonst werden wir wie die Katze,
die sich auf einen heißen Deckel setzte.
Sie setzt sich auf keinen Deckel mehr.
Auch nicht auf einen kalten.
(Mark Twain)

Die Männer gehen grundsätzlich
aufs Ganze —
und was bekommen sie schließlich?
Eine bessere Hälfte.
(Willi Reichert)

* * *

Alle klagen über das Wetter,
aber es findet sich niemand,
der etwas dagegen tut.
(Mark Twain)

* * *

Wenn man heute zu jemand sagt,
er lebe hinter dem Mond,
so ist das eigentlich ein Kompliment.
(Wernher von Braun)

* * *

Die Heiligen sind die Sünder,
die sich immer wieder
von neuem bemühen.
(R. L. Stevenson)

* * *

Die wirklich tätigen Leute
erkennt man daran,
daß sie Zeit haben —
auch für andere.
(Jules Romains)

Muße ist das Kunststück,
sich selbst ein angenehmer
Partner zu sein.
(Karl Heinrich Waggerl)

✳ ✳ ✳

Es gibt Staaten, denen
die Freiheit so teuer ist,
daß sie sie mit Mauer
und Stacheldraht schützen.
(Wolfgang Eschker)

✳ ✳ ✳

Zu den schönsten menschlichen
Tätigkeiten gehört,
anderen sagen zu dürfen,
was richtig ist,
ohne dies selbst tun zu müssen.
(Manfred Rommel)

✳ ✳ ✳

Wer die Frage nicht hat,
der hat auch die Antwort nicht,
selbst wenn er sie in Händen hielte.
(Martin Buber)

✳ ✳ ✳

Zwei Dinge sind unendlich:
Das Universum
und die menschliche Dummheit.
(Albert Einstein)

Lebenskünstler gönnen sich
das Vergnügen,
sich zu kratzen,
ohne daß es sie juckt.
(Robert Lembke)

✳ ✳ ✳

Narren allein sind würdig,
der Weisheit die Schleppe zu tragen.
(Peter Bamm)

✳ ✳ ✳

Schönheit ist eines der seltenen
Wunder, die unsere Zweifel
an Gott verstummen lassen.
(Jean Anouilh)

✳ ✳ ✳

Gott ist ein Künstler,
der sich weder wiederholt
noch plagiiert.
Kein Blättchen gleicht dem andern,
kein Fingerabdruck
und keine Seele.
(Ernesto Cardenal)

✳ ✳ ✳

Die Natur ist das einzige Blatt,
das auf allen Blättern
großen Gehalt bietet.
(Johann Wolfgang von Goethe)

Wer niemals träumt,
verschläft sein Leben.
(Nikolaus Lenau)

* * *

Der Ozean kennt keine völlige Ruhe.
Dies gilt auch
für den Ozean des Lebens.
(Mahatma Gandhi)

* * *

Manche verwechseln Nachfolge
mit Nachsitzen;
sie starren auf ihre Fehler
und vergessen, weiterzugehen.
(Kyrilla Spiecker)

* * *

Selbst der klügste Mann
paßt nicht immer
in seine Zeit.
(Karl Jaspers)

* * *

Blumen sind Engel,
damit der Mensch nicht vergesse,
was absolute Schönheit ist.
(Zenta Maurina)

Mein Glück besteht darin,
das der andern zu mehren.
Ich brauche das Glück aller,
um glücklich zu sein.
(Andre Gide)

✣ ✣ ✣

Man muß auf anständige Weise
verstehen, älter,
vielleicht alt zu werden,
um die Chance zu wahren,
jung zu bleiben.
(Theodor Heuss)

✣ ✣ ✣

Sorgen sind meist von der Nessel Art:
sie brennen dich,
berührst du sie zart.
Faß sie nur herzhaft,
so ist der Griff nicht schmerzhaft!
(Emanuel Geibel)

✣ ✣ ✣

Keinen Hund,
sagt man,
lockt die Philosophie hinterm
Ofen hervor.
Aber — wie Hegel dazu bemerkt —
ist das auch nicht ihre Aufgabe.
(Ernst Bloch)

Wer wie die Schildkröte,
die ihre Glieder einzieht,
seine Sinne wegrufen kann
von der Sinnenwelt,
dessen Weisheit ist unerschütterlich.
(Bhagavad-Gita)

* * *

Ein Chirurg
ist ein Mann,
der die Menschen
an ihren Narben erkennt.
(Peter Ustinov)

* * *

Beraube einen Menschen
seiner Ausflüchte,
und er wird wahnsinnig
und fängt an,
um sich zu schlagen.
(Ingmar Bergman)

* * *

Ein Snob
ist ein Mann, der sich einen Sportwagen
mit einer vergoldeten Stoßstange
leisten könnte, aber mit einem völlig
verrosteten VW-Käfer
nach Salzburg fährt
und sich von Karajan die Hupe
stimmen läßt.
(Unbekannt)

Den eigenen Hochmut
auf Halbmast zu setzen,
ist die erste Vorbedingung
gegenseitiger Annäherung.
(Pedro Arrupe)

✳ ✳ ✳

Man soll das Feuer in seiner Seele
nie ausgehen lassen,
sondern es schüren.
Wer die Armut für sich erwählt
und sie liebt,
besitzt einen großen Schatz
und wird die Stimme seines Gewissens
immer deutlich hören.
Wer diese Stimme, die Gottes beste
Gabe ist, hört und ihr folgt,
findet schließlich in ihr einen Freund
und ist nie allein.
(Vincent van Gogh)

✳ ✳ ✳

Ich freu mich
über den Sieg der Brennessel
über den Beton.
(Jean Giorno)

✳ ✳ ✳

Jenen,
die man liebt,
muß man am meisten weh tun.
Das ist das Gesetz der Liebe.
(Heinrich Böll)

Wenn mit diesem Leben alles aus wäre,
dann verlohnte es sich nicht,
abends die Strümpfe aus-
und morgens wieder anzuziehen.
(Otto von Bismarck)

* * *

Wie ein Schuster einen Schuh machet
und ein Schneider einen Rock,
also soll ein Christ beten.
Eines Christen Handwerk
ist beten!
(Martin Luther)

* * *

Empören kann nur,
was düster ist;
das Lachen aber ist hell.
Vieles würde den Menschen empören,
wenn man es in seiner ganzen Blöße
darstellte; aber durch die Macht
des Lächelns erhellt,
versöhnt es die Seele.
(Nicolai Gogol)

* * *

Selbst der ärgste Langweiler
kann mich fesseln,
wenn ich gerade in Stimmung bin,
ihm zuzuhören.
(Henry Miller)

Wer in der Welt nicht 200 000 Bajonette
zu seinem Befehl hat, sollte sich's nicht
einfallen lassen, öffentlich
einen vernünftigen Gedanken zu haben.
Und die Herren,
die sie haben, lassen sich's
beliebter Gemächlichkeit wegen selten
einfallen.
(Johann Gottfried Seume)

* * *

Nichts kann ohne Einsamkeit
entstehen. Ich habe mir eine Einsamkeit
geschaffen,
die niemand ahnt.
Es ist schwer heute,
allein zu sein,
weil es Uhren gibt.
Haben Sie je einen Heiligen
mit Uhr gesehen?
(Pablo Picasso)

* * *

Morgen werde ich mich ändern.
Gestern
wollte ich es heute tun.
(Christine Busta)

* * *

Die Menschen tun einander unrecht:
Jeder malt den andern

nach seiner Vorstellung.
(August Strindberg)

* * *

Ich glaube nicht,
daß Zwei zueinander kommen
auf der Welt,
die sich nicht mehr oder minder
ändern müssen,
wenn sie glücklich bleiben wollen.
(Jeremias Gotthelf)

* * *

Man verzweifelt nie wegen
eines äußeren Objekts,
sondern immer über sich selbst.
(Sören Kierkegaard)

* * *

Wenn ihr mir nicht glaubt,
was tut's.
Die Zukunft kommt gewiß.
Nur eine kleine Weile,
und ihr seht es selbst!
(Äschylos)

* * *

Es ist immer ein Zeichen
von Mittelmäßigkeit,
wenn ein Mensch
nicht aus vollem Herzen loben kann.
(Vauvenargues)

Es ist schwerer,
für sich selbst
als für andere
klug zu sein.
(La Rochefoucauld)

※ ※ ※

Denke nie: Ich möchte glücklich sein,
sondern immer nur: Ich möchte
glücklich machen!
— Dann wirst du glücklich sein.
(Kardinal Spellman)

※ ※ ※

Auch der Strohmann
(die Vogelscheuche)
ist wichtig im Weinberg.
(Augustinus von Hippo)

※ ※ ※

Ein Buch, wenn es so zugeklappt
daliegt,
ist ein gebundenes, schlafendes,
harmloses Tierchen, welches keinem
etwas zuleide tut.
Wer es nicht aufweckt,
den gähnt es nicht an;
wer ihm die Nase nicht gerade
zwischen die Kiefer steckt,
den beißt's auch nicht.
(Wilhelm Busch)

Aller Charme des Lebens
ist nur möglich,
wenn wir die Kunst lernen,
in edler Einfachheit zu leben.
(Mahatma Gandhi)

※ ※ ※

Herr, sagte ich,
es regnet,
was soll man tun?
– Und seine Antwort
wächst grün durch alle Fenster.
(Rainer Kunze)

※ ※ ※

Als ich deine schönen Worte
aufschlitzte,
rann Sägemehl aus ihrem Bauch.
(Kyrilla Spiecker)

※ ※ ※

Heu machen kann schließlich jeder,
wenn nur der Himmel
das Gras wachsen läßt.
(Karl Heinrich Waggerl)

※ ※ ※

Macht euch keine Sorgen
über Schwierigkeiten;
sie sind unser tägliches Brot.
(Kardinal Wyszynski)

Warum kann der Mensch
auf dem schmalen
Sonnenstäubchen Erde,
auf dem er warm wird,
und während der schnellen
Augenblicke,
die er am Pulse abzählt, zwischen
dem Blitze des Lebens und dem Schlage
des Todes,
noch einen Unterschied machen
unter Bekannten und Unbekannten?
Warum fallen die kleinen Wesen,
die einerlei Wunden haben,
und von denen die Zeit das nämliche
Maß zum Sarge nimmt,
nicht einander ohne Zögern
mit dem Seufzer in die Arme:
Ach wohl sind wir einander ähnlich
und bekannt?
(Jean Paul)

※ ※ ※

Wer auf der Erde steht,
kann nicht aus den Wolken fallen.
(Hellmut Walters)

※ ※ ※

Die Sonne,
will man sie ansehen, blendet,
die Glocke,
hört man sie allzunah, taubt.
Kein Wesen,

so schön es auch sei,
ist uns anders als kurz
anzuschauen erlaubt.
(Paul Claudel)

* * *

Alles ist bereits gesagt worden,
und man kommt seit mehr als
siebentausend Jahren zu spät.
(La Bruyere)

* * *

Maria und Martha.
Nicht nur beim Erlöser,
bei jedem Mann hat die bemühte
Hausfrau
keine Chance,
wenn eine Bewunderin auftritt.
(Johannes Gross)

* * *

Das Große geschieht
so schlicht wie das Rieseln des Wassers,
das Fließen der Luft,
das Wachsen des Getreides.
(Adalbert Stifter)

* * *

Mit dem Weinen wird man geboren,
das Lächeln muß man erst lernen.
(Ernst Heimeran)

Einer wirft beim Schiffbruch
dem andern ein Brett zu,
worauf er sich rettet.
Angekommen am Lande,
fragte dieser:
Wieviel kostet das Brett?
(Friedrich Hebbel)

※ ※ ※

Im Neandertal waren
die Arbeitsplätze billig.
So 'ne Keule hat nicht viel gekostet.
(Norbert Blüm)

※ ※ ※

Lachen und Lächeln
sind Tor und Pforte,
durch die viel Gutes in den Menschen
hineinhuschen kann.
(Christian Morgenstern)

※ ※ ※

Gefragt, warum er ein Engagement
in Wien ablehne,
antwortete Karl Valentin:
Jomei, was tua i in Wien?
I hab mei Frau, mei Schwiegermutter,
mei Freundin,
meine Schulden in München –
was tät i da in Wien?
(Karl Valentin)

Wir wohnen ein Leben lang
in Gottes Haus,
aber wir klopfen nur selten
an seine Tür.
(Graham Greene)

* * *

Jede Minute,
die du mißmutig verbringst,
sind sechzig verlorene Sekunden
voll Glück.
(William Somerset Maughan)

* * *

Nicht Hammerhiebe,
sondern der Tanz des Wassers
rundet den Kiesel zur Schönheit.
(Rabindranath Tagore)

* * *

Es ist nicht leicht,
mit Gott Schritt zu halten.
(Martin Buber)

* * *

Das Leben besteht
aus vielen kleinen Münzen,
und wer sie aufzuheben weiß,
hat ein Vermögen.
(Jean Anouilh)

Ein einziges Blättchen Erfahrung
ist mehr wert als ein ganzer Baum
voller guter Ratschläge.
(FAZ)

❋ ❋ ❋

Heiterkeit ist etwas anderes
als Lustigkeit.
Wahre Heiterkeit kann nur entstehen,
wenn der Mensch sich für die nächste
Zukunft in Ruhe und Sicherheit weiß.
(Abbe Galiani)

❋ ❋ ❋

Die Hälfte der Gesellschaft
verbringt ihr Leben damit,
die anderen Leute zu beobachten.
(Balzac)

❋ ❋ ❋

Was ist eigentlich alt? Was jung?
– Jung, wo die Zukunft vorwaltet,
alt, wo die Vergangenheit
die Übermacht hat.
(Novalis)

❋ ❋ ❋

Das Einfache verwahrt das Rätsel
des Bleibenden und Großen.
Im Unscheinbaren des Immer-Selben
verbirgt es seinen Segen . . .

Die Eiche aber sprach: Wachsen heißt,
der Weite des Himmels sich öffnen
und zugleich in das Dunkel der Erde
wurzeln.
Alles Gediegene gedeiht nur,
wenn der Mensch beides ist –
bereit dem Anspruch des höchsten
Himmels
und aufgehoben im Schutz
der tragenden Erde.
(Martin Heidegger)

* * *

Philosophieren
ist Schachspielen
mit einem fingierten Gegner.
(Ferdinand Ebner)

* * *

Im übrigen gibt es
so etwas wie die List
des Heiligen Geistes
und der Geschichte,
die oft menschliche Tätigkeit
und Absicht durchkreuzt.
So war es zum Beispiel
bei Johannes XXIII. Den hat man
von vorneherein als einen ziemlich
farblosen und harmlosen
Übergangspapst gewählt –
und dann ist es ganz anders
herausgekommen . . .
(Karl Rahner)

Wie wenig Lärm
machen die wirklichen Wunder!
(Saint-Exupery)

* * *

Kein Abschied auf der Welt
fällt schwerer als der Abschied
von der Macht.
(Talleyrand)

* * *

Es gibt Träume,
die in Erfüllung gehen
und solche,
die man begraben muß,
damit sie ewig leben.
(Zenta Maurina)

* * *

Mit Büchern ist es wie mit Wein:
Es genügt ein Schluck,
die Qualität zu erkennen,
aber um sich zu berauschen,
muß man schon die ganze Flasche
trinken.
(Karl Heinrich Waggerl)

* * *

Der Mensch hat zwei Beine
und zwei Überzeugungen:
eine, wenn's ihm gut geht,

und eine, wenn's ihm schlecht geht.
Die letztere heißt Religion.
(Kurt Tucholsky)

※ ※ ※

Man fällt nicht über seine Fehler.
Man fällt immer über seine Feinde,
die diese Fehler ausnützen.
(Kurt Tucholsky)

※ ※ ※

Zehnmal mußt du lachen am Tag
und heiter sein!
Lernen wir uns freuen,
so verlernen wir am besten,
anderen weh zu tun.
(Friedrich Nietzsche)

※ ※ ※

Wie glücklich würde mancher leben,
wenn er sich um anderer Leute Sachen
so wenig kümmerte
als um seine eigenen.
(Christoph Lichtenberg)

※ ※ ※

Humor ist das einzige,
was man ernst nehmen muß im Leben.
Alles andere muß man
mit Humor nehmen.
(Elmar Gruber)

Maler sind Leute,
die von der Wand
in den Mund leben.
(Heinz Erhardt)

❊ ❊ ❊

Ich war müde und schlief
und glaubte,
mein Werk wäre zu Ende.
Am Morgen erwachte ich
und fand meinen Garten
voll vom Wunder der Blumen.
(Rabindranath Tagore)

❊ ❊ ❊

Jetzt, da das Alter kommt,
muß ich vom Wein lernen,
mit den Jahren besser zu werden,
um vor allem der schrecklichen Gefahr
zu entgehen,
mit dem Alter Essig zu werden.
(Helder Camara)

❊ ❊ ❊

Ein Mönch ist ein Vogel,
der sehr schnell fliegt,
ohne zu wissen,
wohin.
Und er kommt immer voll Frieden
ans Ziel, ohne zu wissen, woher.
(Thomas Merton)

Gestern sah ich Philosophen
auf dem Marktplatz ihre Köpfe
in Körben umhertragen
und laut schreien:
Weisheit! Weisheit zu verkaufen!
– Arme Philosophen!
Sie müssen notgedrungen
ihre Köpfe verkaufen, um ihre Herzen
zu ernähren.
(Kahlil Gibran)

* * *

Die Welt hört nicht dort auf,
wo unser Wissen zu Ende ist. –
Wer schöpferisch denkt,
denkt auch mal daneben.
(Hoimar von Ditfurth)

* * *

Das Leben kriegt man
lebenslänglich.
(Gabriel Laub)

* * *

Lachen heißt einstimmen
in das Lied der Engel.
(Eleonore Beck)

* * *

Zukunftssorgen sind Mäuse,
die heute den Käse von morgen fressen.
(Unbekannt)

Ein anständiger Mensch
tut keinen Schritt,
ohne Feinde zu kriegen.
(Hermann Hesse)

* * *

Keine Zeit,
sagte die Uhr,
und lief weiter.
(Karl Garbe)

* * *

Ich weiß,
warum die Krähen schreien:
sie kommen sich auf so weißem Schnee
zu schwarz vor.
(Abram Terz)

* * *

Gummibänder und Gefühle
taugen nicht
zum Maßnehmen.
(Kyrilla Spiecker)

* * *

Gar nichts zu tun,
das ist die allerschwierigste
Beschäftigung
und zugleich jene,
die am meisten Geist voraussetzt.
(Oscar Wilde)

Wie weit wir eigentlich voneinander
entfernt sind,
bemerken wir spätestens,
wenn wir uns näherkommen wollen.
(Bernd Oelzner)

✻ ✻ ✻

Was nützen schnelle Autos denen,
die ohne Richtung sind?
Was nützen volle Teller denen,
die nach Liebe hungern?
Was hilft es, alle zu verstehen,
ohne einen zu begreifen?
Wozu die Heiligen verehren,
wenn keiner werden will wie sie?
(Martin Gutl)

✻ ✻ ✻

Das Altern ist wie die Woge im Meer.
Wer sich von ihr tragen läßt,
treibt obenauf.
Wer sich dagegen aufbäumt,
geht unter.
(Gertrud von le Fort)

✻ ✻ ✻

Es ist gut, einmal müßig zu sein,
dem Lied der Erde zu lauschen,
Erinnerungen aufzufrischen,
Zukunftsträume zu spinnen
oder vertraulich mit Gott zu plaudern.
(Guy de Larigaudie)

Knöpft man einen Knopf
in ein Knopfloch,
das nicht das seine ist,
wird es unmöglich,
die übrigen richtig zu knöpfen.
(Helder Camara)

* * *

Das Wasser kann noch so trübe sein,
aber auch so widerspiegelt es
den Himmel.
(Ernesto Cardenal)

* * *

Wenn es darum geht,
einige Seelen zu retten,
haben wir den Mut,
sogar mit dem Teufel zu verhandeln.
(Papst Pius XI.)

* * *

Mir scheint, ich sei ein leerer Sack,
den der hl. Geist unversehens
mit Kraft füllt.
(Johannes XXIII.)

* * *

In Hamburg lebten zwei Ameisen,
die wollten nach Australien reisen.
Bei Altona auf der Chaussee,
da taten ihnen die Beine weh,

und da verzichteten sie weise
dann auf den letzten Teil der Reise.
(Joachim Ringelnatz)

* * *

Der Humor ist keine Gabe des Geistes;
er ist eine Gabe des Herzens.
(Ludwig Börne)

* * *

Heiterkeit ist eine der Arten,
Gottes Willen zu erfüllen.
(Leo Tolstoi)

* * *

Die Menschen sind sonderbar:
Manchen von ihnen fällt es leichter,
an die Macht der Sterne zu glauben
als an die Macht Gottes.
(Graham Greene)

* * *

Das Gute an den Tieren ist,
daß sie nicht so viel reden.
(Thornton Wilder)

* * *

Wenn ich nicht schriebe,
würde ich die andern noch mehr
verletzen.
(Peter Handke)

Wir machen uns Freunde.
Wir machen uns Feinde.
Aber Gott macht uns
den Nachbarn nebenan.
(G. K. Chesterton)

※ ※ ※

Es gibt keine Minute,
in der ich nicht Vogel,
Wolke oder Sturm sein will.
(Zenta Maurina)

※ ※ ※

Es gibt kein französisches,
kein italienisches, kein deutsches
oder russisches Lachen.
Es gibt nur das Lachen des Menschen.
(Marcel Marceau)

※ ※ ※

Das größte Übel,
das wir unseren Mitmenschen
antun können,
ist nicht, sie zu hassen,
sondern ihnen gegenüber
gleichgültig zu sein.
(Bernard Shaw)

※ ※ ※

Durch Bücher kann man Menschen
kennenlernen,

ohne den Umgang mit ihnen
in Kauf nehmen zu müssen.
(Hanns-Hermann Kersten)

❋ ❋ ❋

Wer sich schreibend verändert,
ist ein Schriftsteller.
(Martin Walser)

❋ ❋ ❋

Das Lächeln,
das du dem Bettler schenkst,
ist ein warmer Mantel,
wie die Sonne für den Blinden.
(Saint-Exupery)

❋ ❋ ❋

Es hat mir wollen behagen,
mit Lachen die Wahrheit zu sagen.
(Grimmelshausen)

❋ ❋ ❋

Kein Mensch langweilt.
Man muß nur jedem
die richtigen Fragen
zu stellen verstehen.
Die nach seinem Alltag.
Nach seinem Beruf.
(Wolfdietrich Schnurre)

Es gibt etwas,
das schlimmer ist, als daß Leute
schlecht über uns sprechen: daß sie
überhaupt nicht über uns sprechen.
(Oscar Wilde)

※ ※ ※

Die Fliege, die nicht geklappt sein will,
setzt sich am sichersten
auf die Klappe selbst.
(Christoph Lichtenberg)

※ ※ ※

Es gibt keine Leute,
die nichts erleben.
Es gibt nur Leute,
die nichts davon merken.
(Curt Goetz)

※ ※ ※

Der Chef hat eine Laune.
Die andern haben auch eine Laune,
bringen sie aber nicht ins Büro mit,
sondern geben sie in der Garderobe ab.
(Kurt Tucholsky)

※ ※ ※

Sparsamkeit ist die Kunst,
aus dem Leben soviel wie möglich
herauszuschlagen.
(Bernard Shaw)

Herr K. sah eine Schauspielerin
vorbeigehen
und sagte: Sie ist schön.
Sein Begleiter sagte: Sie hat neulich
Erfolg gehabt, weil sie schön ist.
– Herr K. ärgerte sich und sagte:
Sie ist schön, weil sie Erfolg gehabt hat.
(Bert Brecht)

❋ ❋ ❋

Ich habe noch nie einen Pessimisten
nützliche Arbeit für die Welt tun sehen.
(Johannes XXIII.)

❋ ❋ ❋

Geduld ist ein Pflaster für alle Wunden.
(Cervantes)

❋ ❋ ❋

Ein Geheimnis bleibt immer die Rose,
unbegreiflich ist die Nachtigall.
(Johann Wolfgang von Goethe)

❋ ❋ ❋

Im Himmel gibt es nur Clowns –
Profis und Amateure. Lauter Leute,
die ihre Mitmenschen
zum Lachen gebracht haben.
(Charlie Rivel)

Wir haben allen Grund, anzunehmen,
daß auch die Zukunft nicht mehr ist,
was sie einmal war.
(Friedrich Sieburg)

* * *

Der Schmeichler ist jemand, der dir ins Gesicht sagt, was er nicht hinter deinem Rücken sagen würde.
(Henry Millington)

* * *

Humor nennt man
die famose Turnübung,
die darin besteht,
sich selbst auf den Arm zu nehmen.
(Theo Lingen)

* * *

Humor ist –
mit einer Träne im Auge
lächelnd dem Leben beipflichten.
(Beutelrock)

Jedes Lachen hilft Bosheit besiegen.
(Carl Zuckmayer)

※ ※ ※

Es gibt keine besseren Hautpflegemittel
als Fröhlichkeit und Zufriedenheit.
(Luise Ullrich)

※ ※ ※

Nichts ist so gesund auf dieser Welt,
als ab und zu sich krank zu lachen.
(Oscar Blumenthal)

Gott,
gib uns ein Mauseloch,
eine kleine Fluchtröhre,
durch die wir uns retten
vor dem Zugriff der Kälte
in die warme Stube deines Himmels.
(Wilhelm Willms)

❊ ❊ ❊

Wemmer erst mal jut jefrühstückt ham,
jearbeitet hammer schnell!
(Düsseldorfer Handwerkspruch)

❊ ❊ ❊

Wir Menschen schreiben auf Papier,
Gott in das Herz;
wir mit Tinte,
Gott mit dem Heiligen Geist;
wir Buchstaben,
Gott die Liebe.
(Johann Michael Sailer)

❊ ❊ ❊

Man staubt Papierblumen ab,
wo man Rosen züchten könnte.
(Hans Küng)

❊ ❊ ❊

Unternehmer will keiner mehr sein,
dabei müßten wir so vieles

dringend
unternehmen!
(Lothar Zenetti)

❉ ❉ ❉

Der Mensch ist ein Blinder,
der vom Sehen träumt.
(Friedrich Hebbel)

❉ ❉ ❉

In der Beklommenheit erscheinen sogar
die Fliegen als liebe Haustiere.
(Peter Handke)

❉ ❉ ❉

Es ist unmöglich,
die Fackel der Wahrheit
durch ein Gedränge
zu tragen, ohne jemandem
den Bart zu versengen.
(Christoph Lichtenberg)

❉ ❉ ❉

Kauft Fußmatten.
Es gibt vieles, in das man hineintreten
könnte.
Kauft Seife.
Es gibt vieles, das man abwaschen muß.
Kauft Schlaftabletten.
Es gibt vieles, wovon man ungern wach
wird!
(Rudolf Otto Wiemer)

Was zählt die Eroberung Trojas
gegen die Erfindung des Alphabets?
(Walter Jens)

※ ※ ※

Rege dich nicht auf,
wenn dir jemand in den Hintern treten
sollte.
Es beweißt nur:
du bist ihm voraus!
(W. Wack)

※ ※ ※

Eine Lüge ist wie ein Schneeball:
je länger man ihn wälzt,
um so dicker wird er.
(Martin Luther)

※ ※ ※

Die Pharisäer waren Leute,
die glaubten, aus eigener Kraft
tugendhaft sein zu können.
(Simone Weil)

※ ※ ※

Man reist,
weil es auch in der Schule
des Lebens schwer ist,
immer still auf seinem Platz
zu sitzen.
(Sigismund von Radecki)

Die Berge,
die du nicht versetzen kannst,
mußt du ersteigen.
Da hilft dir niemand.
(R. A. Schröder)

* * *

Es ist so leicht,
Eier zu zerbrechen,
ohne ein Omelette
daraus zu machen.
(C. S. Lewis)

* * *

Schlimmer als die Angst,
sein Gesicht zu verlieren,
ist der Zweifel,
ob man überhaupt ein Gesicht hat!
(FAZ)

* * *

Man muß aufhören,
bevor man alles gesagt hat.
Manche haben alles gesagt,
bevor sie beginnen.
(Elias Canetti)

Unser Büchertip

Weitere Publikationen von Adalbert Ludwig Balling, erschienen in den Verlagen: Mariannhill Würzburg, 8861 Reimlingen, Butzon & Bercker Kevelaer, Morus Berlin, St. Gabriel Mödling und St. Augustin, Herder Freiburg und Bernward Hildesheim.

Mission und Biographie
- »Abenteurer in der Kutte«, illustr., kt. 96 S. 4. Auflage
- »Ein Herz für die Schwarzen«, illustriert, kt. 130 S.
- »Eine Spur der Liebe hinterlassen«, Pater Engelmar Unzeitig, 424 S., geb., Fotos
- »Sie standen am Ufer der Zeit«, Märchen und Mythen aus Afrika südlich der Sahara, 336 S., illustriert, Ln.
- »Unseren täglichen Reis gib uns heute«, Gebete aus der Dritten Welt, kt.
- »Speichen am Rad der Zeit«, 160 S., kt. (Pater Unzeitig/ Priester im KZ Dachau)
- »Weisheiten aus Schwarzafrika«, 128 S., kt.
- »Weisheit der Völker«, Sprichwörter, 64 S., kt., 3. Aufl.

Meditation/Gebet/Betrachtung
- »Mit dem Herzen sehen«, 112 S., 5. Auflage
- »Liebe-volle Plaudereien«, 116 S., 4. Auflage
- »Gute Worte heitern auf«, 114 S., 3. Auflage
- »Das Leben lieben lernen«, 112 S., 5. Auflage
- »Gute Medizin gegen schlechte Laune«, 112 S., 5. Auflage
- »Ich bin mein bestes Stück«, 112 S., 2. Auflage
- »Liebe macht keinen Lärm«, 128 S., kt., 2. Auflage
- »Nimm dein Herz in die Hände«, 112 S., kt.
- »Wenn die Freude Flügel hat«, 96 S., Fotos, kt., 4. Auflage
- »Gottes Haustür steht immer offen«, 128 S., kt.
- »Wo das Glück zu Hause ist«, 96 S., Fotos, kt.
- »Lieber Gott, du bist prima«, 128 S., kt.

Zum Nachdenken und Schmunzeln
- »Weisheitchen mit Humor«, 96 S., 3. Auflage, geb., illustriert
- »Heiter bis hintergründig«, 112 S., geb., illustriert, 3. Aufl.
- »Lachen reinigt die Zähne«, 96 S., 3. Auflage, geb., illustriert
- »Zwischen den vier Meeren« (Sprichwörter), 96 S., 3. Aufl.
- »Tierischheiter – affenklug«, 96 S., geb., illustriert
- »Unser Pater ist ein großes Schlitzohr«, 128 S., kt.
- »Lustige Leute leben länger«, (Anekdoten), 128 S., kt., 2. Auflage
- »Humor hinter Klostermauern«, 128 S., kt.

Geschenkbändchen zu verschiedenen Anlässen
- »Alle guten Wünsche wünsche ich Dir«, 40 S., kt., 11. Aufl.
- »Liebe ist (k)eine Hexerei«, 56 S., 8 Farbt., 7. Auflage
- »Dankeschön für Selbstverständliches«, kt., 7. Auflage
- »Freude – eine Liebeserklärung an das Leben«, 6. Auflage
- »Glücklich ist . . .«, 56 S., 5. Aufl.

»Sende Sonnenschein und Regen«, 56 S., 5. Auflage
»Wo man dem Herzen folgt«, 56 S., kt., 4. Auflage
»Freut euch mit den Fröhlichen«, 56 S., 5. Auflage
»Das Glück wurde als Zwilling geboren«, 56 S., 4. Auflage
»Bade deine Seele in Schweigen«, 56 S., 4. Auflage
»Wissen, was dem andern wehtut«, 80 S., kt., 3. Auflage
»Wer lobt, vergißt zu klagen«, 64 S., kt., 3. Auflage
»Hoffentlich geht alles gut«, 64 S., kt., 3. Auflage
»Wenn die Freude an dein Fenster klopft«, 64 S., kt., 3. Aufl.
»Schläft ein Lied in allen Dingen«, Die Welt ist schön, 64 S., kt., 3. Auflage
»Wo man verstanden wird«, Ein Lob auf die Freundschaft, 64 S., kt., 3. Auflage
»Die Stunde der Rose«, Geduld ist alles, 96 S., kt., illustr., 3. Auflage
»Alles Liebe und Gute«, 64 S., kt., 2. Auflage
»Winke den Sternen, wenn du traurig bist«, 96 S., kt., 2. Aufl.
»Wo man Liebe sät, wächst Freude«, 80 S., kt.
»Hab Sonne im Herzen«, 80 S., kt., 2. Aufl.
»Wer hängt der Katze die Schelle um?«, 80 S., kt.
»Und versuche gut zu sein«, 80 S., kt.

In Vorbereitung:
»Das Brot der Liebe brechen«, (Geben und Nehmen), 80 S., kt.
»Kinder ist das Leben schön!«, 80 S., kt.
»Bäume – Freunde der Menschen«, 96 S., kt.
»Mit Gott riskiert man alles«, 80 S., kt.
»Wer liebt, kann nie ganz traurig sein«, 80 S., kt.
»Gott ist die Heimat der Menschen«, 80 S., kt.